G. GOYAU

INTRODUCTION

AU

COMPTE-RENDU DU CONGRÈS

DE LA JEUNESSE CATHOLIQUE

TENU A BESANÇON

les 17, 18, 19 et 20 Novembre 1898

Au Très Révérend Père Dagnaud

des Eudistes, Professeur au
Collège Saint-François-Xavier à Besançon

Mon très Révérend Père,

En vérité vous me surchargez d'honneurs. Après m'avoir convié à prendre une part active au Congrès de Besançon, vous me demandez d'en présenter au public le compte rendu. On n'a point à présenter M. Ferdinand Brunetière ni M. le comte Albert de Mun, M. Paul Lerolle ni M. l'abbé Lemire, M. Harmel ni M. Fonsegrive, non plus que M. Bazire, notre plus récent espoir. Mais je suis trop intimement pénétré des enseignements que j'ai rapportés de Besançon, pour me soustraire à la tâche flatteuse qui consiste à les résumer. Ajouterai-je que je suis heureux de n'être point considéré en Franche-Comté comme un étranger, et qu'il me semble, enfin, faire encore acte de congressiste en acceptant une mission de préfacier : je ne ferai que rendre au Congrès ce qu'il m'a donné.

Il y a congrès et congrès. Il en est qui sont des façons de parades, où l'on échange des compliments plutôt que des idées, où les membres s'entretiennent réciproquement des mérites, réels d'ailleurs, qu'ils ont respectivement, et d'où résulte cette leçon, que le monde catholique est pavé de bonnes intentions ; mais de cela, qui donc douterait ? Il est des congrès qui sont des manifestations : l'on y provoque, avec un désir d'héroïsme qui parfois est prématuré, des adversaires qui le plus souvent ignoreront le Congrès et qui, si par hasard ils en entendent parler, s'empresseront de le dénoncer, à la Chambre ou dans les loges, comme un symptôme terrifiant des empiètements du cléricalisme. Les premiers de ces congrès sont au moins inutiles ; il advient aux seconds d'être nuisibles ; et l'Association catholique de la jeunesse française est animée d'un zèle trop intelligent pour proposer à ses adhérents l'un ou l'autre de ces exercices. On a voulu faire de la besogne à Besançon, et l'on en a fait effectivement : on a tenu une assemblée d'études — ce qui n'a rien de commun avec les parades louangeuses ; on a tracé des plans d'action positive — ce qui n'a rien de commun avec les manifestations guerroyantes. Et par là, le Congrès de Besançon a donné un grand exemple.

Il a prouvé qu'entre tous les catholiques attachés aux enseignements des encycliques pontificales, un esprit d'harmonie peut et doit exister ; il a été une leçon constante d'union catholique, et la leçon était d'autant plus précise et d'autant plus précieuse qu'elle nous mettait sous les yeux, en même temps, les qualités et les conditions à la faveur desquelles cette union durera. Car, de même qu'il y a congrès et congrès, il y a union et union. Dans le monde du travail, il y a un système d'union qui contraint les travailleurs à attendre les chômeurs, et un autre système d'union qui invite les chômeurs à rattraper les travailleurs et à les imiter. Et pareillement, dans le domaine de l'action catholique, il y a l'union dans le piétinement et il y a l'union dans la marche ; il y a un système en vertu duquel on s'incline, immobile, devant la résistance passive de ceux qui confondent la prudence avec l'immobilité, et il y a un autre système en vertu duquel on entraine, en les vivifiant du même souffle et en les enchantant d'un idéal d'épanouissement chrétien, toutes les bonnes volontés, même les plus timides. Au Congrès de Besançon, c'est cette seconde sorte d'union qu'on a comprise, et c'est elle qu'on a réalisée. Rien de meilleur ni de plus désirable que la cohésion catholique : mais il faut que ce soit la cohésion d'une troupe en marche, éprise de progrès et jalouse de ramasser des auxiliaires, et non celle d'un camp retranché, entouré d'ombrageuses barricades et systématiquement inaccessible, même à des troupes de renfort.

Le Congrès de Besançon rassemblait des catholiques d'origines diverses : volontiers dirais-je, empruntant un mot que la maçonnerie a longtemps imposé au personnel politique de la troisième République, que ce Congrès a été un acte de concentration catholique. C'est peut-être un truisme — mais il est des truismes bons à répéter — de dire qu'on ne s'entend jamais mieux que lorsqu'on a commencé par s'écouter ; les congressistes de Besançon se sont écoutés entre eux ; et d'où qu'ils vinssent, quelle que fût leur formation scolaire, il a suffi de cette réciproque audition pour leur faire constater qu'ils s'entendaient. C'est à l'Association catholique de la jeunesse française et à quelques-uns des orateurs les plus assidus des Congrès des œuvres de jeunesse que revient l'honneur de cette entente : les mains qui se sont rencontrées ne se desserreront plus. L'autonomie des organisations n'est point un obstacle à leur concours mutuel ; et chacun des congressistes a quitté Besançon avec le ferme vouloir de rester lui-même, mais de rester lui-même en union avec tous les autres.

Que si nous observons sur quel terrain s'est faite cette

union, et sur quel terrain dès lors elle se doit maintenir, je crois pouvoir dire, mon Révérend Père, que ce sont, avant tout, les préoccupations d'action sociale qui ont servi de lien entre les congressistes de Besançon. L'on ne trouvait point trace, là-bas, de cet antagonisme latent entre les « vieux » et les « jeunes », que depuis quelques années certains spectateurs plus malicieux qu'équitables se flattaient de discerner. La maturité des uns et la jeunesse des autres, la sagesse de l'expérience et la verdeur de l'initiative, la pondération de l'âge et la spontanéité des premiers élans se sont, à Besançon, consultées et applaudies. (1) Bien loin de faire table rase de toutes les institutions existantes et de méconnaitre ou de persifler les initiatives anciennes, la jeunesse catholique se complut à entendre, durant toute la première journée, sur des lèvres autorisées, le récit des tentatives déjà faites et de celles qu'on poursuit présentement pour organiser la profession agricole. Cette journée si calme et si bien remplie apparaissait comme le lien entre le passé et l'avenir. Car ce qui reste et ce qui restera du passé, ce qui survit et ce qui survivra des multiples efforts d'organisation, entrepris au cours des trente dernières années, et que les vicissitudes des partis politiques, firent parfois péricliter, c'est avant tout ce que volontiers nous appellerions l'effort agraire. Il fut fécond et il sera durable, parce qu'il reposa sur des principes philosophiques et parce qu'il fut la suite d'un courant historique, parce qu'il traduisit et ratifia ce « lien social », spécialement étroit, qui doit exister entre tous les membres d'une même profession, et parce que, sous ses apparences discrètes, il commença d'être, en quelque mesure, un rajeunissement de l'ancien régime corporatif. La Révolution de 1789 n'avait laissé en France que des individus émiettés, juxtaposés entre eux sans que leurs rapports fussent réglés et sans que la loi tînt compte de cette réalité, qui est plus de la moitié de l'homme, la profession ; et Pie IX promulguant le *Syllabus*, Auguste Comte écrivant son *Cours de philosophie positive*, jugèrent nécessaire de protester l'un et l'autre, soit contre le libéralisme révolutionnaire, soit contre l'anarchie chaotique qui en résulte dans la vie de la nation. La Révolution de 1789, qui méconnaissait la valeur intrinsèque et la vertu vivante du lien social, avait supprimé les corporations ; et la sociologie positive dans la seconde

(1) « Les derniers venus, gardant avec reconnaissance le souvenir des services rendus et des grands exemples laissés par leurs prédécesseurs, et mettant à profit l'expérience qui se dégage de leur action, les continuent en somme dans les conditions nouvelles de notre temps. » C'est en ces termes que M. R. de Roquefeuil définit l'attitude de la jeunesse catholique ; ils sont d'une justesse et d'un tact accompli.

moitié de notre siècle, depuis M. de Laveleye jusqu'à M. Gide, réclama l'organisation des métiers. Or les syndicats agricoles, dus, pour la plupart, à l'initiative des catholiques, furent le premier exemple d'une innovation d'autant plus révolutionnaire en son essence qu'elle était une infraction plus formelle aux principes et à l'esprit de l'Assemblée Constituante ; et les hommes d'intelligence et de zèle qui, le premier jour de l'Assemblée de Besançon, exposèrent aux jeunes congressistes les tentatives faites en Franche-Comté et les résultats obtenus, leur indiquèrent ainsi qu'il ne faut point redouter la nouveauté, même lorsqu'elle semble être l'annonce et le prélude de sérieuses transformations sociales. Car, du jour où toutes les professions agricoles, industrielles, libérales seraient organisées, la représentation du pays pourrait devenir l'expression des différents organes professionnels ; la France légale serait toute proche d'être l'image de la France réelle ; et l'on arriverait ainsi progressivement à une application véridique de l'idée démocratique. De loin, pour une échéance reculée, les fondateurs des syndicats agricoles collaborent à cette œuvre, et les notables d'âge mûr qu'on entendit à Besançon durant les premières séances du Congrès étaient, qu'ils s'en doutassent ou non, des constructeurs d'avenir.

La parole, ensuite, fut plutôt à la jeunesse : on étudia les patronages, les expériences « post-scolaires », les œuvres sociales, les groupements destinés à la formation intellectuelle. Dans tous les domaines, les « jeunes » catholiques prétendent se montrer tels qu'ils sont, et tout ce qu'ils sont : le demi-siècle qui est en passe d'expirer aura fait une victime ; et cette victime, c'est le respect humain. De crainte que certaines âmes n'en fussent encore la proie, un professeur du collège Saint-François-Xavier de Besançon, le R. P. Michel, brusquement enlevé à la terre quelques mois avant le Congrès, avait laissé à ses élèves, comme une sorte de testament de sa pensée sacerdotale, une courte brochure sur ce sujet : elle couronne dignement la série d'efforts par lesquels les catholiques ont été lentement habitués, depuis cinquante ans, à ne rougir d'aucune parcelle de leur foi. C'était un sentiment étrange que le respect humain, d'autant plus périlleux qu'impalpable, d'autant plus obsédant qu'irréfutable : il faisait sur la conscience l'effet d'une peur nerveuse, il arrêtait le geste religieux, l'expression de la pensée religieuse, ou bien il en mutilait la spontanéité, il en diminuait la portée.

La forme apparemment nouvelle que prend la vie catholique parmi la jeune génération, les modes d'activité qu'elle s'ingénie à découvrir, les ambitions auxquelles elle s'abandonne, les espérances qu'elle affiche, marquent une perpétuelle défaite du respect humain. Ce n'est point seulement à la pratique religieuse que cette maladie de l'âme portait préjudice, c'était à la conception même du catholicisme. Il y avait, si l'on peut dire, une façon minimum d'être catholique, et l'acceptation, la recherche même de ce minimum, étaient comme une concession au respect humain. On excluait Dieu, par exemple, de la réglementation des rapports sociaux ; on maintenait au-dessus des exigences de la morale le libre jeu des forces économiques, on ne permettait point à l'Eglise de limiter la prépondérance du capital dans la solution des questions ouvrières ; on voulait qu'elle fût « libérale », qu'elle « laissât passer » ce qu'on appelait le progrès économique : c'était une façon de respect humain. On se précipitait, avec une affectation d'allégresse, au-devant de certaines conclusions dites « scientifiques » qui semblaient gênantes pour la tradition dogmatique ; on faisait de ce qu'on appelait la « Science » une sorte de lit de Procuste, aux dimensions duquel on voulait ajuster la foi ; on ne permettait point à l'Eglise d'attendre, avec la patience que donne l'éternité, l'achèvement de ces conclusions ébauchées ; on voulait qu'elle fût « libérale », qu'elle se laissât emmener, docile, à travers les zigzags du progrès scientifique : c'était encore une façon de respect humain. Et si, durant une grande partie du siècle qui finit, les catholiques ont été si souvent divisés, c'est parce que, dans l'Eglise même, une lutte existait, tantôt bruyante, tantôt sourde, entre l'Eglise elle-même, — l'Eglise de Pie IX et de Léon XIII — et le respect humain d'une catégorie de fidèles.

La jeunesse catholique, de plus en plus nettement, a pris position dans cette lutte ; et c'est pour l'Eglise qu'elle a pris position. Voilà pourquoi, chose étrange, parmi ceux qui l'ont précédée, d'aucuns — et non des moindres — la trouvent « avancée, » téméraire, révolutionnaire. Il y a là un malentendu : il ne faut point qu'il survive au Congrès de Besançon.

Il parut à cette jeunesse, il y a quelques années, qu'il existait comme une divergence entre l'attitude coutumière des catholiques et le vouloir de Léon XIII : des sacrifices furent faits, des déchirements eurent lieu ; certaines étiquettes, certaines demi-opinions, qui depuis longtemps semblaient s'imposer aux hommes « bien pensants », furent répudiées, parfois avec un fracas juvénile, au nom d'une pensée meilleure, plus intégralement catholique et plus strictement conforme aux désirs de l'Eglise. Il advient qu'à certaines heures d'histoire Dieu fait aux actes des hommes une insigne faveur : il étend la portée de ces actes bien au-delà des intentions humaines. Tandis que, pour presque tous les auxiliaires des instructions pontificales, la question qui s'agitait en 1892 dans la France républicaine n'était rien plus qu'une question constitutionnelle, Dieu, lentement, élargissait le terrain et reculait l'horizon : cette question constitutionnelle, peu à peu, n'apparaissait que comme un épisode ; les événements marchaient ; la poussée démocratique pesait, d'un poids toujours plus invincible, sur le destin des peuples ; les vieux partis libéraux périclitaient ou succombaient dans les divers pays, et l'on commençait à se demander, en France, si l'on verrait au vingtième siècle le libéralisme sombrer définitivement dans l'anarchie, ou si, tout au contraire, les catholiques unis entre eux rompraient avec les avantages personnels qu'ils pouvaient trouver dans un régime économique fondé sur le faux libéralisme, s'ils sentiraient que, de toutes les formes de gouvernement entre lesquelles oscillait la fidélité de leurs âmes, celle-là seule serait durable qui s'appuierait sur une saine et vraie notion de la liberté et de la loi, et s'ils cesseraient, enfin, d'être les « conservateurs » des institutions révolutionnaires pour asseoir la démocratie sur le robuste fondement d'un droit social chrétien. A mesure que la question se posait en ces termes, on cessait d'épiloguer, en notre pays, sur la contenance que devaient garder les catholiques à l'endroit de l'œuvre constitutionnelle de M. Wallon : les regards portaient plus loin, ils s'élevaient plus haut ; une nouvelle plate-forme s'étendait, sur laquelle une large union se dessinait ; on voulait, d'une même âme, des réformes sociales, prélude de la reconstruction sociale : et le Congrès de Besançon fut une manifestation de cette commune volonté.

Au nom de l'Evangile, la jeunesse que la politique eût peut-être divisée s'est trouvée d'accord pour chercher, non point un concordat entre le christianisme et la démocratie, mais le moyen le plus efficace de présenter à la démocratie du temps présent le christianisme de tous les temps. C'est ainsi qu'à la compression du respect humain a succédé l'expansion de l'apostolat ; et c'est en vertu d'une plus stricte et plus complète intelligence de l'Evangile et de la tradition que s'est inauguré ce progrès. Sous les auspices de l'*Association catholique de la Jeunesse française*, la jeunesse ne s'aventure point, elle se ressaisit ; elle retrouve au fond de son cœur toutes les énergies de la grâce chrétienne, au fond de son intelligence toutes les conclusions sociales du dogme chrétien ; et ni les préjugés de salon, ni la tyrannie de la routine, ni l'ascendant des générations antérieures ne peuvent lutter, en elle, contre la force intime et agissante de la vérité. Elle s'est rendu compte, décidément, qu'une certaine forme de respect d'un certain passé est, de toutes les formes du respect humain, la plus périlleuse et la plus oppressive. Elle sait — un archevêque de l'Amérique catholique le lui a appris — que « la critique ne manque jamais », et que cette critique, généralement, « vient des hommes fainéants qui se réjouissent de voir l'insuccès suivre l'action, parce que, de cette façon, ils trouvent la justification de leur propre paresse » (1). Ainsi prémunie contre les timidités qui paralysent, la jeunesse répond, comme répondait Anne de Xainctonge aux Comtois de son époque qui condamnaient ses innovations : « Il est vrai que les principes sont immuables, mais les circonstances changent. On peut juger du bien par son utilité et non par sa nouveauté. » Réponse admirable, et qui mériterait d'être prise comme maxime par les « jeunes » de tous les âges ; il ne faut ni craindre systématiquement la nouveauté ni systématiquement la chercher ; vouloir innover est parfois enfantin, vouloir piétiner est toujours sénile.

Malheur aux hommes d'immobilité qui se targuent d'avoir vaincu des initiatives ! D'abord la victoire n'est qu'éphémère ; Dieu ressuscite ce qu'ils croyaient avoir tué... Et puis se faire l'ennemi, tout près de soi, des apôtres et des saints de Dieu, c'est créer autour de soi un désert, où Dieu se déplaît : si Dole avait éconduit Anne de Xainctonge, Dole aurait perdu une sainte. Mais malheur, d'autre part, aux prétentieux novateurs qui ne chercheraient point dans les enseignements traditionnels des docteurs et des Pères les précédents et les leçons de leur propre action, et qui affecteraient de se faire à eux seuls, sans recours aux lumières du passé, la théorie de leur apostolat ! Un chrétien doit toujours se considérer, en quelque façon, comme un disciple et comme un successeur ; il doit être, si je puis ainsi dire, une mosaïque vivante des traditions antérieures, mosaïque qu'il encadrera et qu'il unifiera par la vertu de sa propre personnalité : ainsi le veut la notion de la société religieuse, ainsi le veut l'économie de l'Eglise, ainsi l'ont compris les congressistes de Besançon.

Intransigeants en leur catholicisme, exigeants pour leur catholicisme, on les voyait en même temps ouvrir leurs bras, avec une largeur toute nouvelle, une complète absence d'arrière-pensée, une fraternité sans réserve, aux hommes du dehors. De prime abord, cela pourrait surprendre ; et pourtant, logiquement, rien n'est plus naturel. La jeunesse catholique trouve, dans la sécurité même de ses convictions personnelles, un point de départ solide pour agir ; et, de là, elle prend son élan. Elle cherche le bien partout où il est, et partout elle lui rend justice ; elle ne dit point, en présence des tentatives faites en dehors d'elle : « Cela n'est point chrétien : donc cela est mauvais ; » mais bien plutôt : « Là-dedans, il y a ceci qui est bon ; donc sur ce terrain, qui refuse asile au christianisme, qui même est barricadé contre le christianisme, un peu de sel chrétien s'est égaré. » Et notre Société, pétrie par de longs siècles d'influence chrétienne, en a si profondément gardé

(1) Mgr Ireland, cité dans le *Livre de l'Apôtre*, de Mme de la Girennerie, page 128.

l'empreinte, que beaucoup parmi les non-chrétiens sont les bénéficiaires d'une sorte de christianisme inconscient. Dégager ce christianisme, le faire émerger au premier plan de ces consciences encore troubles : voilà la grande tâche à laquelle aspire la jeunesse contemporaine. Elle ne fait point, ainsi, concurrence à la chaire. Dans l'Eglise où tous sont membres les uns des autres, tous ont leur mission. L'apostolat laïque ne doit point avoir l'ambition d'être une prédication : il faut des grâces d'état pour être docteur : il faut la culture théologique, dont les séminaires ont le dépôt ; il faut l'onction divine de l'Esprit, dont l'épiscopat est l'auguste canal. Mais l'apostolat laïque peut et doit être une maïeutique : ayant accès auprès d'un certain nombre de consciences et dans un certain nombre d'œuvres auxquelles le prêtre porterait ombrage, il épie, comme un fait, les germes de christianisme qui s'y rencontrent, qui parfois s'y épanouissent à la façon de plantes exotiques, et il cherche à faire reconnaître, explicitement, les droits du christianisme. Et l'apostolat laïque, ainsi compris, peut et doit se complaire, tout naturellement, dans certaines vertus d'équité, de tolérance, d'hospitalité. Non plus qu'il ne mutile la doctrine du christianisme, il ne déprécie les mérites des initiatives étrangères au christianisme. C'est à la suite d'un précédent Congrès de l'Association catholique de la Jeunesse française que Léon XIII, le 22 juin 1892, écrivait à Mgr l'évêque de Grenoble : « Parmi ceux-là mêmes qui n'ont pas le bonheur d'être catholiques, beaucoup conservent malgré tout un fonds de bon sens, une certaine rectitude, que l'on peut appeler le sentiment d'une âme naturellement chrétienne ; or ce sentiment élevé leur donne, avec l'attrait du bien, l'aptitude à le réaliser, et plus d'une fois ces dispositions intimes, ce concours généreux leur servent de préparation pour apprécier et professer la vérité chrétienne. » Ces paroles du Pape firent du bruit : dans plusieurs de ses écrits, M. Ollé-Laprune les commenta ; il apporta dans ce commentaire son habituelle sûreté de pensée et la charité conquérante de son âme ; et les jeunes congressistes de Besançon, de la séance initiale à la séance finale, semblèrent s'inspirer de ces indications du pape. En même temps qu'ils parlaient entre eux, ils visaient les hommes du dehors ; et nous nous rappelons tous que certaines attentions ont été frappées et captivées. C'est au lendemain du Congrès qu'on eut l'agréable plaisir de lire, dans le *Petit Comtois*, des appréciations quasiment sympathiques sur l'activité catholique contemporaine, et ces appréciations étaient signées d'un pasteur de l'Eglise évangélique.

Je ne veux point, mon Révérend Père, risquer une critique du passé, mais tout au contraire projeter dans l'avenir quelque étincelle d'espérance, en constatant que le Congrès de Besançon, à la différence de beaucoup d'assemblées catholiques, ne fut point un Congrès de récriminations et de plaintes. On n'y dénonça personne, on n'y excommunia personne, on ne rejeta sur personne la responsabilité des fautes des catholiques ; on évita les lamentations infécondes sur l'ostracisme dont souvent les catholiques ont été l'objet dans la vie nationale ; on fit plus et mieux ; on cessa, passez-moi l'expression, de s'ostraciser soi-même. Et l'on témoigna l'intention, toute pacifique mais non moins ferme, de prendre une part active à la vie civique et sociale de la nation française ; — et je ne parle point ici de cette participation de nature spéciale, d'ordre politique, à laquelle prétendent, très légitimement d'ailleurs, les ambitions électorales, mais bien plutôt d'une autre participation, à laquelle tous peuvent aspirer, et, dont tous, mêmes, doivent s'arroger le droit, la participation du dévouement désintéressé. « Avec le christianisme, a dit quelque part Lamennais, le titre de serviteur devint la définition même du pouvoir : » le seigneur, au Moyen Age, était un serviteur. Les jeunes congressistes de Besançon rêvaient assurément, non pour eux-mêmes, mais pour leurs idées, d'exercer tôt ou tard quelque ascendant sur les destinées de la fille aînée de l'Eglise ; mais au lieu de passer leur temps à réclamer cette influence, à se plaindre de ne la point voir venir, ils ont fait, à la suite de M. l'abbé Lemire, cette remarque toute simple, que le pouvoir politique doit être la rançon des services rendus ; ils ont étudié les moyens de faire acte de bons serviteurs à l'endroit de leurs concitoyens ; instruments de Dieu, auxiliaires de Dieu, ils ont avisé à la meilleure façon de remplir, à tous égards, leur devoir social ; et puis ils ont prié, le dimanche, sous l'impression de la chaude parole de Monseigneur l'archevêque de Besançon, pour qu'en récompense de leur résolution de la veille et de leurs efforts du lendemain il leur fût donné, à l'heure voulue par Dieu, de faire prévaloir, dans ce pays qu'ils aiment, le droit social de Dieu.

Il y a deux groupes en ce siècle, et pas plus de deux, qui ont constamment proclamé comme leur idéal la défense du droit social de Dieu. C'étaient, il y a trente ans, les fidèles du comte de Chambord, dont la fidélité posthume survit à cette noble mémoire ; et c'est aujourd'hui la démocratie chrétienne. Mesurez, entre ces deux groupes, l'apparente antinomie ; et voyez combien l'union, si paradoxale paraisse-t-elle, peut devenir large et féconde. Elle s'élargira, même, avec un surcroît de fruits, si les prochains Congrès de la jeunesse catholique font une part de plus en plus grande aux représentants authentiques de la jeunesse ouvrière, aux délégués immédiats des patronages de jeunes gens, des syndicats ouvriers et si, non contents de passer deux longues journées à nous occuper du bien-être du peuple et du relèvement de sa condition, nous invitons ce peuple à nous envoyer ses jeunes gens pour nous dire ce qu'ils font et ce qu'ils veulent. De même que, dans nos patronages, on s'efforce de plus en plus de transformer en hommes d'action les jeunes « patronnés », et de les amener à devenir les collaborateurs dévoués et responsables des chefs du patronage, de même nous souhaitons qu'au prochain jour, dans les discussions des congrès catholiques et dans les votes qui les clôturent, puissent intervenir, avec toute liberté de parole et de suffrage, les représentants de ces organisations ouvrières que la démocratie chrétienne travaille à créer. On veut faire des patronages, non point des enclos de préservation, — des « garderies de bons enfants » comme dit spirituellement M. Henri Reverdy dans son beau discours sur le *Rôle de la Jeunesse catholique*, mais des écoles d'énergies apostoliques : les Congrès de la jeunesse catholique seront comme la revue permanente de ces jeunes énergies, et les fondateurs de l'Œuvre des cercles catholiques d'ouvriers seront les premiers à tendre leurs mains encourageantes à ces enfants du quatrième Etat, que la démocratie chrétienne leur présentera comme des alliés, pour une action tout ensemble autonome et parallèle.

Voilà, mon Révérend Père, les leçons et les espérances que j'ai rapportées de Besançon. Pour me rassurer sur l'aloi de ces leçons et pour me confirmer dans ces espérances, je me suis mis à relire récemment la correspondance d'Ozanam ; et il me semblait, à mesure que je renouais contact avec cet esprit toujours jeune, que ce précurseur nous exhortait — j'allais dire, sans nulle modestie, qu'il avait pressenti notre orientation.

« Je voudrais, écrivait-il en 1834, l'anéantissement de l'esprit politique au profit de l'esprit social... » Et sa correspondance tout entière est comme le développement de cette maxime : « Je ne nie, je ne repousse aucune combinaison gouvernementale, continuait-il ; mais je ne les accepte que comme instruments pour rendre les hommes plus heureux et meilleurs... (1). » Il insistait en 1836 : « Si la question qui agite aujourd'hui le monde autour de nous n'est ni une question de personnes ni une question de formes politiques, mais une question sociale ; si c'est la lutte de ceux qui n'ont rien et de ceux qui ont trop ; si c'est le choc violent de l'opulence et de la pauvreté qui fait trembler le sol sous nos pas ; notre devoir à nous chrétiens est de nous interposer entre ces ennemis irréconciliables, et de faire que les uns se dépouillent comme pour l'accomplissement d'une loi, et que les autres reçoivent comme un bienfait : que les uns cessent d'exiger et les autres de refuser ; que l'égalité s'opère autant qu'elle est possible parmi les hommes ; que

(1) *Lettres de Frédéric Ozanam*, I. p. 124.

la communauté volontaire remplace l'impôt et l'emprunt forcés ; que la charité fasse ce que la justice seule ne saurait faire. Il est heureux alors d'être placé par la Providence sur un terrain neutre entre les deux partis belligérants, d'avoir dans tous deux ses voies ouvertes et ses intelligences; sans être contraint, pour se porter médiateur, ni de monter trop haut ni de descendre trop bas... (1).» Ozanam disait encore, véritable prophète : « La question qui divise les hommes de nos jours n'est plus une question de formes politiques, c'est une question sociale ; c'est de savoir qui l'emportera de l'esprit d'égoïsme ou de l'esprit de sacrifice ; si la société ne sera qu'une grande exploitation au profit des plus forts ou une consécration de chacun pour le bien de tous et surtout pour la protection des faibles. Il y a beaucoup d'hommes qui ont trop et qui veulent avoir encore, il y en a beaucoup plus d'autres qui n'ont pas assez, qui n'ont rien et qui veulent prendre si on ne leur donne pas. Entre ces deux classes d'hommes une lutte se prépare, et cette lutte menace d'être terrible : d'un côté, la puissance de l'or, de l'autre, la puissance du désespoir. Entre ces armées ennemies, il faudrait nous précipiter, sinon pour empêcher, au moins pour amortir le choc. Et notre âge de jeunes gens, notre condition médiocre, nous rendent plus facile ce rôle de médiateurs, que notre titre de chrétiens nous rend obligatoire. » (2) Il reprenait en 1837 : « Ce ne sont plus les opinions politiques qui divisent les hommes ; c'est moins que les opinions, ce sont les intérêts : ici le camp des riches, là le camp des pauvres. Un seul moyen de salut reste. c'est que, au nom de la charité, les chrétiens s'interposent. » (3). En 1840, enfin, je lis encore dans une lettre d'Ozanam : « Lorsque le paupérisme envahissant se trouve furieux et désespéré en face d'une aristocratie financière dont les entrailles sont endurcies, il est bon qu'il y ait des médiateurs qui puissent prévenir une collision dont on ne saurait imaginer les horribles désastres. » (4) Ainsi parlait ce grand apôtre dont l'Université s'honore et dont l'Eglise, à son tour, garde un souvenir affectueusement ému, je dirais presque un souvenir reconnaissant, si Dieu n'était point le seul Etre auquel fût due la gratitude de l'Eglise. Déjà, d'un geste sûr, avant que 1848 n'eût assuré au peuple une élévation politique qui mit en un plus cruel relief son infériorité économique, Ozanam indiquait que les questions sociales passaient au premier plan, qu'elles étaient toutes proches d'être les seules importantes, et que les

---

(1) *Lettres de Frédéric Ozanam*, I. p. 215, 216.
(2) Id. I. p. 226, 227.
(3) Id. I. p. 238.
(4) Id. I. p. 396.

catholiques devaient adapter leur attitude et leurs démarches à ce renouvellement du monde. La révolution politique survint, meurtrière de la monarchie de Juillet, messagère immédiate de lourdes rumeurs sociales, et Ozanam, le 15 juin 1848, écrivait à son frère l'abbé, qui prêchait aux ouvriers de Lille la bonne nouvelle de Galilée : « J'ai toujours approuvé et maintenant je suis heureux d'avoir partagé ton penchant pour ces hommes laborieux, pauvres, étrangers aux délicatesses et aux politesses de ce qu'on appelle les gens bien élevés. Si un plus grand nombre de chrétiens et surtout d'ecclésiastiques s'étaient occupés des ouvriers depuis dix ans, nous serions plus sûrs de l'avenir, et toutes nos espérances reposent sur le peu qui s'est fait jusqu'ici. (1) » Ne croirait-on point, mon Révérend Père, que ces affirmations, ces regrets, ces élans de foi, ces soubresauts d'espoir, ces explosions de charité, datent d'hier ou d'aujourd'hui ? Et ne pourrions-nous pas dire, nous autres, comme l'écrivait Ozanam dès 1831 : « Je sens que le passé tombe, que les bases du vieil édifice sont ébranlées et qu'une secousse terrible a changé la face de la terre. Mais que doit-il sortir de ces ruines ? La société doit-elle rester ensevelie sous les décombres des trônes renversés, ou bien doit-elle reparaître plus brillante, plus jeune et plus belle ? Verrons-nous *novos cœlos et novam terram* ? Voilà la grande question. Moi qui crois à la Providence et qui ne désespère pas de mon pays comme Charles Nodier, je crois à une sorte de Palingénésie. Mais quelle en sera la forme, quelle sera la loi de la société nouvelle ? Je n'entreprends pas de le décider. » (2)

Soixante-dix ans ont passé ; et lentement la « palingénésie » se poursuit ; nous ne déciderons pas, nous non plus, quelle en sera la forme. Mais puisque le christianisme est immortel, nous savons, d'une foi sûre, qu'elle ne sera point durable si elle n'est point chrétienne. Etre chrétien et travailler à christianiser le monde, sans nous inquiéter outre mesure, ni des augures, bons ou mauvais, que recèlent les spectacles contemporains, ni de l'échéance qu'a fixée Dieu pour son propre succès : tel est notre devoir, à nous. Voilà dix-neuf siècles que Jésus, venu pour le salut universel, fait crédit aux trois quarts du globe ; voilà dix-neuf siècles qu'il patiente. Il aurait le droit d'être impatient ; nous avons l'obligation, nous, d'être patients en même temps que laborieux. Ozanam écrivait en 1832 : « Je crois à une guerre civile imminente, et l'Europe entière, enlacée dans les filets de la franc-maçonnerie, en sera le théâtre. Mais cette crise redoutable sera probablement décisive, et sur les ruines des vieilles nations bri-

---

(1) *Lettres de Frédéric Ozanam*, II. p. 228.
(2) Id. I. p. 5.

sées, une nouvelle Europe s'élèvera ; alors le catholicisme sera compris, alors il sera donné de porter la civilisation dans le vieil Orient ; ce sera une ère magnifique, nous ne la verrons pas. » (1) Et nous, non plus, arrière-neveux d'Ozanam, nous ne la verrons pas, l'ère magnifique, mais, tout comme le professeur de Sorbonne qui doit rester notre modèle, collaborons à la préparer.

Çà et là, dans la correspondance, nous pouvons recueillir, au hasard de la lecture, les conseils propices. « L'orthodoxie, écrivait-il en 1835, est le nerf, la force de la religion ; et sans cette condition vitale toute association catholique est impuissante. » (2) Vous me dispenserez, mon Révérend Père, de commenter un pareil avis : la présence de plusieurs membres de l'épiscopat, du recteur de l'Institut Catholique de Paris, de l'aumônier de l'Association catholique de la Jeunesse française, a garanti l'orthodoxie du Congrès de Besançon, et témoigné, d'autre part, quel prix y attachaient les jeunes Congressistes. Après le devoir de l'orthodoxie, Ozanam recommande autour de lui le devoir de la piété filiale envers les anciens âges catholiques : « L'époque qui finit, disait-il en 1840, c'est celle de la Renaissance, celle du Protestantisme pour le dogme, de l'Absolutisme pour la politique, du Paganisme pour les lettres et les sciences. Chez nous, c'est l'école de Louis XIV, celle du XVIII° siècle, celle de la Gironde, celle de l'Empire et de la Restauration, qui, assurément diverses et incompatibles dans leurs intentions et leurs moyens, eurent cependant ce vice originel commun de prétendre remonter brusquement à l'antiquité et de renier le Moyen Age. Nous entrons dans une période dont nul ne peut prévoir les vicissitudes, mais dont il est impossible de méconnaître l'avènement. Néanmoins il est d'heureux augure pour elle, qu'elle ait commencé par une justice rendue au passé. La piété filiale porte bonheur (3). On a eu cette piété filiale au Congrès de Besançon. Mettre le vin vieux dans des outres nouvelles, voilà tout ce que veut la jeunesse : son esprit révolutionnaire ne va pas plus loin... Elle aime le vin vieux.

Un troisième devoir qu'enseignait Ozanam, c'etait celui de l'espérance. « Quand on a vécu, écrivait-il en 1842, on finit par faire deux remarques rassurantes. Premièrement dans les siècles qui précédèrent et qu'on a coutume de regarder comme des âges de croyances et de paix, on reconnaît des tentations et des périls comparables à ceux de nos jours. En second lieu, si l'on y prend garde de plus près, on finit par découvrir autour de soi beaucoup

---

(1) *Lettres de Frédéric Ozanam*, I. p. 61.
(2) Id. I. p. 201.
(3) Id. I. p. 393.

plus de christianisme qu'on avait cru d'abord (1) ». N'est-ce point à cette découverte, à cette exhumation de ce que j'appelais tout à l'heure le christianisme inconscient, que nous avons tous travaillé à Besançon ? Il n'est point, même, jusqu'aux conclusions pratiques de notre travail dont nous ne saisissions déjà comme le pressentiment dans une page d'Ozanam. « Vous faites plus que vous ne pensez, écrivait-il à un ami de Sens, en multipliant comme vous dites les *terrains neutres* et en ajoutant un cercle à votre société de sciences et de lettres (2) ». Nous n'avons pas dit autre chose là-bas, lorsque nous souhaitions la pénétration des catholiques dans tous les domaines de la vie sociale.

J'éprouve une réconfortante impression de sécurité, mon Révérend Père, en me retranchant derrière cet ancêtre, en le laissant parler, en osant dire que nous avons agi à Besançon comme il voulait qu'agissent les jeunes de son époque. Car nous ne méprisons pas le passé, bien loin de là ! Nous goûtons au contraire les impulsions qu'il nous donne, et c'est de toute notre âme que nous remontons dans le passé afin d'apprendre à le prolonger et à le continuer. Pour nous, le passé n'est point la mort, c'est la vie : dans le passé nous saluons l'avenir ; et dans l'avenir, c'est encore le passé que nous aimons. Laissez-moi donc décliner, en toute franchise, le soin que vous m'imposeriez peut-être de conclure moi-même cette préface déjà trop longue : c'est à un « vieux », encore, que je veux laisser la parole, c'est à Frédéric Ozanam.

« L'humanité de nos jours, écrivait-il en 1837, me semble comparable au voyageur dont parle l'Evangile : elle aussi, tandis qu'elle poursuivait sa route dans les chemins que le Christ lui a tracés, elle a été assaillie par des ravisseurs, par les larrons de la pensée, par des hommes méchants qui lui ont ravi ce qu'elle possédait : le trésor de la foi et de l'amour, et ils l'ont laissée nue et gémissante, couchée au bord du sentier. Les prêtres et les lévites ont passé, et cette fois, comme ils étaient des prêtres et des lévites véritables, ils se sont approchés de cet être souffrant et ils ont voulu le guérir. Mais, dans son délire, il les a méconnus et repoussés. A notre tour, faibles Samaritains, profanes et gens de peu de foi que nous sommes, osons cependant aborder ce grand malade. Peut-être ne s'effrayera-t-il point de nous ; essayons de sonder ses plaies et d'y verser de l'huile ; faisons retentir à son oreille des paroles de consolation et de paix ; et puis, quand ses yeux se seront dessillés, nous le remettrons entre les mains de ceux que Dieu a constitués les gardiens et les médecins des âmes, qui sont aussi, en quelque sorte, nos hôteliers dans le pèlerinage

---

(1) *Lettres de Frédéric Ozanam*, II. p. 19.
(2) Id. II, p. 105.

d'ici-bas, puisqu'ils donnent à nos esprits errants et affamés la parole sainte pour nourriture et l'espérance d'un monde meilleur pour abri. Voilà ce qui nous est propre, voilà la vocation sublime que la Providence nous a faite (1) ».

Et c'est précisément cette vocation, mon Révérend Père, qu'en 1898 les Congressistes de Besançon ont eu souci d'affirmer et de réaliser. Frédéric Ozanam ajoutait : « Que nous en sommes peu dignes! Et que nous fléchissons sous le fardeau! » S'il disait cela, lui, qu'avons-nous à dire à notre tour, si ce n'est à prier Dieu de nous relever, fléchissants et succombants, comme sur la voie du Calvaire, il releva son fils Jésus?

Vous le lui demanderez avec nous, mon Révérend Père, et dans ce vœu que je vous adresse, vous trouverez l'indice d'une communauté constante de pensées et d'action, que les Congressistes de Besançon veulent conserver avec vous, et dont je vous offre, en leur nom, la respectueuse expression.

Georges GOYAU.

(1) *Lettres de Frédéric Ozanam*, I, p. 149, 150.

26

www.ingramcontent.com/pod-product-compliance
Lightning Source LLC
Chambersburg PA
CBHW071449060426
42450CB00009BA/2359